COLLAGE BY NUMBERS

ANIMALS

Rip, stick, and create your own collage masterpieces!

MW01076305

SparkPool

1 2 3 4 5 6 7 8 9 10 11 12 13 14 15

1 2 3 4 5 6 7 8 9 10 11 12 13 14 15

1 2 3 4 5 6 7 8 9 10 11 12 13 14 15

1 2 3 4 5 6 7 8 9 10 11 12 13 14 15

1
2
3
4
5
6
7
8
9
10
11
12
13
14
15

1 2 3 4 5 6 7 8 9 10 11 12 13 14 15

1 2 3 4 5 6 7 8 9 10 11 12 13 14 15

1 2 3 4 5 6 7 8 9 10 11 12 13 14 15

1 2 3 4 5 6 7 8 9 10 11 12 13 14 15

1 2 3 4 5 6 7 8 9 10 11 12 13 14 15

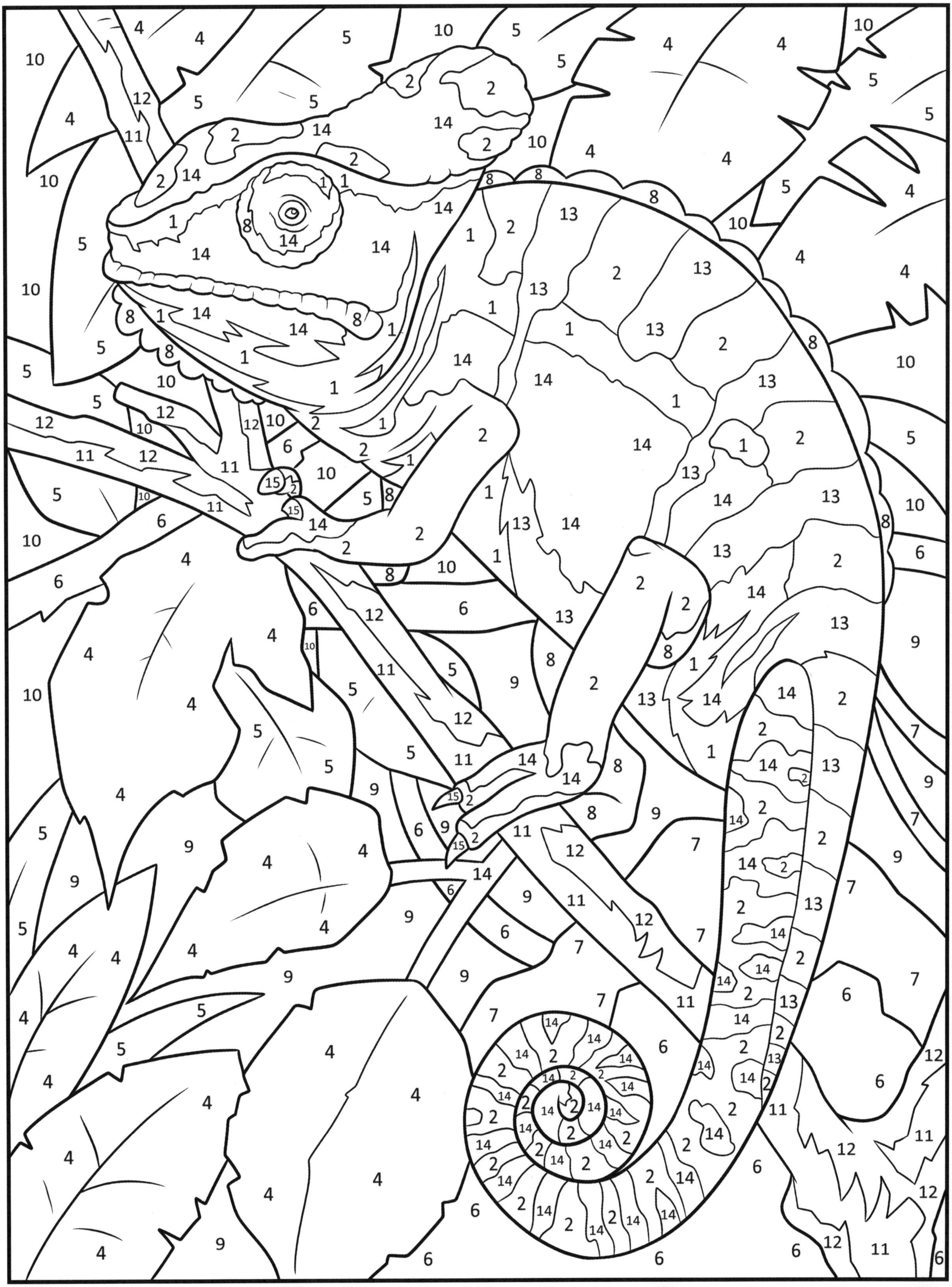

1 2 3 4 5 6 7 8 9 10 11 12 13 14 15

1 2 3 4 5 6 7 8 9 10 11 12 13 14 15

1 2 3 4 5 6 7 8 9 10 11 12 13 14 15

1

8